Erwachen und Bestimmung

Eine Station: Gedichte

Carl Maria Weber

Alpha Editions

This edition published in 2022

ISBN : 9789356900790

Design and Setting By
Alpha Editions
www.alphaedis.com
Email - info@alphaedis.com

Contents

Auferstehung, Himmelfahrt

Aus lohenden Ekstasen
Sprang ich zurück zu mir,
Nun bin ich ausgeblasen —
Verklimpertes Klavier.

Im Echo meiner Töne
Vagiere schattenhaft —
Nie hat noch Stadt-Gedröhne
Mich so dahingerafft.

Nüchternen Speichels Ekel
Peitscht meine stumpfe Wut;
In sinnloses Geräkel
Wälzt sich das dicke Blut.

Vorbeigedrehte Wände
Und Häscherarme ruhn.
So müd sind meine Hände —
Weiß kaum, von welchem Tun.

Hast, Herr, sie nicht erkoren
Zum Dienst der Göttlichkeit?
Und bin, ach! ganz verloren
An meine Irdischkeit!

Fanfare sollt' ich werden
Und Sieges-Läufer dein;
Der Paradieses-Erden
Mund sein und Fackelschein!

Was gabest du das Wissen

Um diese Landschaft mir!
So bin ich ganz zerrissen,
Ein Sphärenwind und Tier.

Doch wenn die Uhren schlagen
Verschüttetem Gebein,
Ziehn, auf bekränzten Wagen,
Die wilden Träume ein.

Und morgen, Acucena,
Schluchzt deines Sohns Gebet —
Wer nennt mir die Arena,
In die mein Tanzschritt weht?

Sendung

Nicht sind mehr die Hände zum Reigen verschlungen,
Keine Weite mehr öffnet sich träumendem Fall.
Die Schreie des Lebens sind ausgeklungen:
Uns weckte ein neuer, ein dunklerer Schall.

Der Freund entschwand. Wir standen allein
Vor erloschenem Himmel und klaffendem Grab.
Aufscheuchend warf ein geröteter Schein
Uns schwer in das flutende Chaos hinab.

Geliebte Alleen der Städte erstarben.
Wir schwiegen, verhüllt in Scharlach und Schmerz ..
Bis hoch in das Graue an blutroten Garben
Emporschoß der Menschheit brennendes Herz!

Aus Sumpf und Gewässern standen wir auf
Und hatten im Nacken ein morgenlich Wehn;
Hart sprang in die Faust metallener Knauf —
Erde hub an, sich aus Angeln zu drehn.

Wir fühlten der Brüder Opfer und Tod
Und wußten erst jetzt unser Dasein verbürgt.
Ausspien wir der eigenen Schuld gärenden Kot,
Der uns zum Ersticken die Kehle gewürgt.

Da flammte, befreit, ein andrer Gesang
Und fuhr in der Jahre klirrenden Schritt;
In unserem weitausholenden Gang
Zog immer jetzt fernes Donnern mit.

Nun reichen wir Hände zu heiligerm Bund
Als zum Tanz über schimmerndes Erdenrund!

Wir glühen nicht minder — doch ist es die Glut,
Die Gottes Liebe im Menschen tut.

Erneuerung

Wir stehen vorgebeugt an steiler Küste.
Wir müssen uns durch Nachtorkane drehn —
Doch noch ins Flackerfeuer roter Lüste
Fühlen wir kühl den Sternenwirbel wehn.

Zerrissenes Herbstgewölk Blutregen speit
Und wirft uns hin in schwefligen Gewittern,
Daß wir erfrieren an der Einsamkeit
Und klein an Gottes Saume wir erzittern.

Durch das betäubende und stumpfe Hämmern
Des aufgeputzten Wahnsinns tobender Zeit
Zuweilen schon Fanfarenschreie dämmern ..
Wir wissen uns zum Sturz der Macht bereit!

Nicht kämpfen wir mit Stahl und Haß und Giften
Für unsere erdentblühte Menschlichkeit —
Es flamme über unsern jungen Triften
Gestirn der Liebe auf und strahle weit!

Gewürm der Nacht, gedörrt und ausgesogen,
Versinkt in klaffendem Schlund .. Tiefe rollt hohl —
Und größren Willens hochgespannter Bogen
Wölbt sich unendlich hin von Pol zu Pol.

Wann tagt der Morgen, der die Feindschaft löst?

Die Stadt versank, in Dämmerung verwoben,
Darüber zag verklungnes Läuten schwebt;
Sie zittert leicht aus Angst vor schwarzen Roben,
Wie sie die Türme in den Abend hebt.

Und lernte nicht im jähen Sturz von Jahren,
Daß solche Schreckensnacht nicht ewig währt ..?
Daß hinter Berges sturmzerwühlten Haaren
Stets wieder neu das junge Leuchten kehrt?

Nun stoßen Menschen dort durch welke Gassen,
Mit denen sie am Mittag aufgeschrien,
Und müssen schmählich mit dem Tag verblassen,
In dumpfe Räume ihrer Häuser fliehn.

Wie traurig stehn in Stein erstarrte Wände,
Verschmiert, vom Gift der Flüche angeraucht!
Erstickend schwelen eingesunkne Brände,
Darin sich Gier und Wahnsinn ausgefaucht.

Wenn jetzt die Hand der Liebe auferstünde
Und legte mild sich auf die dunkle Stadt —:
Dann gäben in die Nacht geborstne Schlünde
Gebilde, lichter als der Tag sie hat.

Es würden tanzen Sterne und Kometen,
Von Friedensklängen läutete die Luft ..
Aus Gärten, die der niedre Geist zertreten,
Erhöbe sich ein Paradiesesduft.

O Hand, die Kinder in den Schlummer leitet,
In kleinem Lampenlicht ein Glück entfacht,

Die kühlend über müde Stirnen gleitet
Und Tränen der Verlassnen süße macht!

In Gold auf weißen Fahnen wehn Gesetze —
Das Flammenschwert geht schneidend durch die Luft.
Es küßt ein Knabe die geschminkte Metze,
Und alle Krämer fahren in die Gruft.

— — — — —

Ganz kränklich ist der Spätstern aufgeglommen ..
Wann tagt der Morgen, der die Feindschaft löst? —
Es muß ein steppenheißer Wirbel kommen,
Der zischend in die trägen Straßen stößt!

Daß Männer sich besinnen, stirnendrohend,
Und Häuser stürzen über Trug und Schmach —
Und eine große, rote Flamme lohend
Sich losbricht von dem allerhöchsten Dach!

„Vermißt“
(März 1915; meinem wiedergewonnenen Freunde L. H.)

Atemloser von Tag zu Tag lief ich in der großen Stunde des Postverteilens durch das Lazarett,

Gejagt von Unruhe um den Freund, der draußen noch in den Schlachten steht.

In der bebenden Minute des Abschieds, als mein Zug in dunkelnde Ferne rollte,

Da war es uns doch gewiß, daß keiner den andern verlieren sollte.

Lang war das Schweigen; dann kamen Grüße und Briefe — o seltsamer Geschicke Gang:

Ich war nun geborgen, und er warf sein teures Leben hinein in den schauerlichen Gesang!

Der Zuversicht war ich voll; doch dieses zweite Schweigen packte mich unheimlicher an,

Und schon ahnte entsetzt ich das Verhängnis, noch ehe der wichtige Mann

Mir harmlos-geschäftig meinen eigenen Brief wiedergab in die stürzende Hand,

Auf dem (die Blutflecken übersah ich erst ganz!) mit Bleistift in einer zerknüllten Ecke sehr steif und ungeschickt das Wörtchen „Vermißt“ geschrieben stand.

O Schmerzgefühle, unsäglich groß! O Wut über das sinnlos-furchtbare Gemetzel! Wie dampften die lösenden Tränen zum Himmel empor!

Oft langte ich die kleine Photographie hervor,

Auf der wir beide in enger, verhaßter Montur Arm in Arm stehen im heimatlichen Wald;

Und von Rührung und Wehmut niedergerissen mußte ich oft, immer wieder, wie irrsinnig, den Vers des melancholischen Reiterliedes flüstern: Ach wie bald, ach wie bald ...!

Ich sah die vertraute, gelassene Pose und dachte viel der Zeiten,

Da wir zweisam in der geliebten Stadt am Rhein die Straßen wallten, wo ein Gang von weitem

Uns oft entrückte, so daß niemand sprach.

Nun höre ich nie mehr deinen Schritt auf knarrender Treppe, nun wirst du, ach!

Nicht mehr (die Akten auf den Tisch werfend) dich neben mir niederlassen,

Dein Mißgeschick beklagend und preisend mein wunderliches Glück, das nicht zu fassen!

Ich werde nicht mehr dein Lächeln sehen über ein etwas kitschiges Bild, das neu in meiner Bude hing,

Nicht mehr dir von frohen Sommerfahrten erzählen, wenn hell ein Gefährte mir zur Seite ging.

Keinen Brief, nicht einen neuen Vers mehr kann ich dir freudig zeigen ...

Denn dein Mund, deine Augen schlossen sich zu tiefem Schweigen.

(Denk' ich des grimmigen, viehischen Mordens in dem Wahnsinnskessel, wo du mußtest kämpfen

Mit deinem breiten Säge-Messer, mit dem Spaten in dem Schwall von Dolchen, Kolben, Bajonetten, Wut und Würgerkrallen und den giftigen Dämpfen:

Unmöglich mir, noch eine Tröstung zu erflehn;

Den Hoffnungs-Zuspruch meiner Kameraden kann ich nicht verstehn.)

Mein armer Freund! vielleicht liegst du verschüttet jetzt in selbstgegrabenem Schacht

Und die Verwesung verzehrt deine Hände in gräßlicher, feuchter Nacht!

Oder zerfällst du gar in der Sonne (niemand holt dich zurück)

Und in den toten Leib noch bohren sich weiße und rote Kugeln, Stück für Stück?

— — — — —

Wer blickte noch so tief in die Gemächer meiner Seele

Wie du, den mir der Zufall erst und dann die Not gewann!

Wie schrecklich, daß ich nun mit einer unverhofften Begegnung, einem nächtlichen Brief, einer Arie aus heller Kehle

Dir nicht mehr für dein Dasein danken kann!

Unsere Freundschaft war still, brauchte keine großen Worte;

Nur in den Zeiten der Angst mußte das übervolle Herz sich entladen

(Wenn allzuheiß unsre Ader von langem Getrenntsein dorrte —)

Doch oft brauchte man sich zum Troste nur das eine Wort: Wir beide sind da! zu sagen.

Nun bin ich .. allein! (O harte Vokabel, du läßt dich nicht bemänteln!)

Und freier wird meine Brust auch kaum, wie sonst wohl, wenn ich Gefühle ablegte, indem ich sie niederschrieb.

Ist dieses Bild, sind Erinnerungen und einige tote Briefe wirklich alles, was mir von dir noch blieb??

— — — — —

Nehmen — zur Ausgehzeit — die Straßen, Alleen, die Parkwege (oder ein noch verschneiter Bergpfad) mich auf,

Bin ich ganz von dir erfüllt und unsrer heimlichen Verwandtschaft. Oft pochen den einsamen Lauf

Gesprächige Winde an; schwatzen viel von Zeit und Vergehen — —

— Wozu, ach wozu sind nun unsere Träume geschehen! —

Kinder, frisch und rotwangig von des Winters stürmischen Küssen,

Und Leute, die ich nicht kenne, lächeln mir zu und grüßen.

Alle sind mir so gut! Sie ahnen vielleicht meine Not?

Wohlwollen macht mich verlegen; ich strauchle und werde rot.

Doch hab' ich ein großes Sehnen nach eines guten Menschen Schoß,

In den mein heißes Gesicht ich könnte bergen und schluchzen grenzenlos!

Mitgefühl, süß und erhaben, o wonnige Bruderhand!

Wird euer gesegneter Hafen noch einmal mir winken,

Wenn die schwarze Flut mich wieder bedrängt, ich drohe zu sinken,

Und den einen Schrei nur kennt meine Zunge: Land!?

Vor spätem Schlafengehen

Du löschst ein Licht am Rand der wachen Stirn,
Die, leicht gekräuselt, ahnt den weiten Teich
Süßesten Schlafs. Und stehst nun, fröstelnd, bleich,
Im großen Fensterrahmen ferneren Lichts.
Noch kühlt die Dämmerung. Ein graues Nichts
Hängt mantelgleich sich dir um Aug' und Hirn.

Da klirrt es silbern auf von allen Dächern:
Gesang der Drossel steigt und reckt sein Haupt.
Ein neuer Tag naht sommerüberlaubt!
Will grausames Gestirn zum First erheben —
Du wirst jetzt deinen Leib den Linnen geben,
Nahenden Traums porphyrenen Gemächern.

Du hast ja deiner Stunden Sturm geschlichtet,
Die Augen kochen dir: nun willst du ruhn.
Doch weißt du auch, wie viel Geschöpfe tun
Bald ihr Geschick in dieses Tages Brand?
Wie an erblaßten Horizontes Wand
Unzähliger rote Qual und Tod sich schichtet?

Will dich das Los der Dienenden nicht rühren?
Der Blick, darin sich sanftes Tier verhüllt
Vor dem entmenschten Jäger, wenn erfüllt
Sein kleines Dasein, an das Licht gebaut?
Hofft nicht von diesem Morgen schweißbetaut
Erlösung wer von gräßlichen Geschwüren?

Der du dies tragen magst und hältst noch Freuden,
Die dir ein Kind bringt auf gewiegtem Schritt:
Komm in den Wahnsinn der Arena mit,

Die tobend uns umkrampft mit Blut und Wunden!
Sind dir Gefährten nicht dahingeschwunden,
Die dich geliebt in güldenem Vergeuden?!

Doch du bist müde und du möchtest schlafen ..
O du Verwegener mit dem leichten Sinn!
An offner Grüfte Rand taumelst du hin,
Vermessne Eitelkeit im Busen tragend!
Auf anderm Stern, aus deinen Nächten ragend,
Löst sich dein Traum. Dann suche keinen Hafen!

Ahasverlos

Vielscheckig locken heitre Möglichkeiten.
Ich bin bereit, der Stunde zu entschweben.
Ich brauche nur die Arme auszubreiten,
Um warme Freude an die Brust zu heben.
Die Kammer wächst sich aus zu hellen Weiten,
An die ich mein Erwachen könnte geben.
Doch nüchtern in die Dimension gebannt,
Verzuckt sich meine morgenkühle Hand.

Die Gegenstände werden laut, mit Stößen,
Und sind in Nähe rund und greifbar da.
Mich seiner schönen Lüge zu verflößen,
Bedrängt der Tag, kaum daß sein Strahl geschah.
Und, bald umgarnt von Netzen, nicht zu lösen,
Dem Strauchelnden schon höhnt sein Golgatha.
Doch Schwingen gibt es, silbern, lichtgewogen —
Schon stürzt's orkanisch siebenfarbenem Bogen!

Oh, dürfte ich an diesem Tische weilen,
In Schultern betten nachtumflortes Haupt:
Mit den Verlassenen meine Stätte teilen,
Wenn sich von Mitleid diese Stirn belaubt!
Nie braucht' ich mehr der Stunde zu enteilen —
Von keinem Winde würde ich beraubt!
Doch Blut will nicht mehr in den Venen rasten ..
Ich muß und muß ruhlos durch Wüsten hasten.

Ahasverlos! Find' ich den Bruder wieder,
Der einst mir seinen Jubel hingeweint —?
Aus Wolken breche ich in Schlachten nieder

Und bin dem Geist des Bösen ganz vereint.
Bis mich erweckt ein Duft aus nassem Flieder,
Da groß des guten Gottes Sonne scheint.
Heiß schießt ein Lavastrom durch dunkle Poren;
Ich schrumpfe hin .. Wann werd' ich umgeboren??

Gieß mich, du Wesen ungenannt und fern,
In ein Geschöpf, das dir am Saume wohnet,
Dem, kleinsten Kreis umschreitend, milder Stern
Des Monds den müden Abend süß entlohnet.
(Nichts ahnst du, treues Hündlein deines Herrn,
Der ungeheuern Schmach, die mich entthronet!)
Laß mich, mein Gott, im breiten Strom der Vielen
Mein kleines Tagwerk tun, um dich zu fühlen!

Das simple Lied

So sei auch dein Geschick von mir besungen,
Treues Gesicht im wettergrauen Bart!
Wie glänzte dir der Scheitel, schwach behaart,
Als du erzähltest mir von deinem Jungen!

Du hast vielleicht die Nacht nicht gut geschlafen,
Vor Hunger oder Vaterschmerzen tief —
Und dachtest, weh dich werfend, an den Brief,
Den letzten deines Sohnes, deines braven!

Von seiner Kindheit hast du wohl geträumet
(Am Morgen dich besinnend, daß er tot),
Bei deinem dünnen Kaffee dann gesäumet
Und aßest nicht ein einziges Stückchen Brot?

Dich selbst hört' ich von seinem Tod nicht sprechen —
Er ward mir durch die Zeitung zugebracht —
Und wenn du mir begegnest jetzt vor acht,
So wage ich das Schweigen nicht zu brechen.

Dein scheuer Gruß heut hat mir klar gemacht,
Wie dich erfaßt der Jahre Schmach und Schwere —
Und daß die hohen Worte Held und Ehre
Grimmig und himmelfluchend du verlacht.

Wie bist du groß in deiner Traurigkeit,
Die mich (o Dank!) noch herzlich rühren kann.
Treues Gesicht, du guter Biedermann,
Dein Schmerz, er weht ein Stückchen Ewigkeit!

Sünde und Sühne

Lechzend Getier hat sich in Schwanenfittich eingekrallt.
Gröhlender Irrsinn dröhnt und schürt das Völkerhetzen.
In Kathedralen und in Menschenleiber die verwüstenden Granaten fetzen.
Maschinen haben rings und gellende Kommandoworte
Willenlose Sklavenhorden zu der dampfenden Schlacht geballt.
Aus bangem Schweifen schlafzerrissnen Angesichts
Steigt grausam wolkenthüllter Tag, der Todesbringer.
Und rastlos rasen über weißes Winterfeld die wütenden Kolonnen.
Von haßverrenkter Bruderhand verschüttet:
Blut ist in den Schnee geronnen,
Das des Sommers freudig aufgewallt,
Das die stählernen Nächte zerrüttet,
Das sich brausend weben wollte in den großen Schwung des Lichts!
In krustigen Boden sich krampfen verzuckende Finger ..
Im Verlöschen blaß und kühler Winterabendsonnen
(Schon schwebt verräterisches Leuchten der Rakete)
Erscheint ein letztes Bild aus kleinem Glück und Traum
Zerstäubend schon, dem gräßlich Wissenden,
Verzweifelt sich und wimmernd Wehrenden
Vor ungebetner, schauerlicher Fahrt in kalten Tod und leeren Raum.
Ein Leben ist wie tausende zerronnen,
Das einst in vieles Dasein sturmgeliebt verwehte ...

— — — — —

Alles Werk bleibt unbegonnen,
Das nicht wächst aus erdeninnigem Gebete,
Kein lautes Wort entfließt des Mundes Bronnen,
Das sich nicht grinsend wieder zu dir drehte.

Aus dem Knirschen erst der Herzen wird die Erde auferstehn;
Befreite Welten werden tönend nachts durch ihren Himmel gehn.
Nicht eine Träne geht verloren in dem dumpfen Unglückshaus,
Zerhackte Opfer lüsterner Gebieter wachen auf aus ihrem kalten Graus
Und stürmen die Bastille aller Menschheit mit geschwungener Flammenhand.
Sie wärmen ihr verkauft Gebein an diesem jauchzenden Morgenbrand
Und wachsen riesenhaft empor vor bröckelnd-grauer Kerkerwand.
Mit Schmacherlösten blühn sie herrlich in den jungen Frühlingstag —
Ein Zeichen tut versöhnter Gott mit Bogen, Blitz und Donnerschlag.
Den Führer seh'n sie kündenden Mundes hoch aus eigenen Reihen steigen;
Vor seinen Blicken, die zum letzten der enterbten Brüder reichen,
Muß sich die blutige Standarte ihrer heiligen Rache neigen,
(Es ebbt das rote Mordmeer hinter sonnbeflaggten Deichen.)
Sie krönen ihn mit hörigem Vertrauen, schönstem Diadem,
Und fühlen seines Palmenszepters lindes Lenzesfächeln süß ob der entfronten Stirne wehn.

Erwachen und Bestimmung

Nach abgerastem Tag, der schlimme Lust, Verzweiflung, Hassen trug
Und mir den Abend, da ich mild zurück mich fand, vergällte,
Kam eine Nacht, die riesig windgetürmte Wogen schlug,
Mit Wrack und Hilfschrei laut an meine Schlafesufer bellte.
Ich sah mich in der Elemente Wut hineingetan
Und spritzte mit der Brandung Donner hoch in rasendem Schwung.
Und wieder trieb ich, wunderbar gelöst, in leichtem Kahn,
Auf dunkelrotem See mit meines Bluts Verwilderung.

Doch Sterne zogen am Gewölbe auf
Und gaben Ruhe, wachsendes Besinnen.
Und ließen Scham erglühn, die kein Entrinnen
Mehr gönnte der Gesichte düsterm Lauf.
Ein Strom von anderm Blut war ausgegossen
Und dampfte schwarz und stockend in die Nacht;
Drauf schwammen Menschenklumpen aus der Schlacht,
Gebläht von Schärfe, giftigen Geschossen.
Die Sternenbilder, grauenhaft verflochten,
Sich spiegelten in dem gurgelnden Naß,
Daß Ekel und ein grenzenloser Haß
Mir in den Gaumen und die Schläfen kochten.
Ein Fluch entschwelte dem erstarrten Munde
Vor soviel Gräßlichem mit einemmal;
Der rohe Mord, das Winseln, alle Qual
Zusammenstürzte mir in diese Stunde.
O Scham, zu atmen eine falsche Zeit,
Die aufgetürmtes, unnennbares Leid
Mit Phrasen, Lügen und mit Eitelkeit,
Mit frechen Worten höhnisch überschreit!

O Scham, selbstisch im kleinen Kreis zu liegen,
Wo die Gewalt stachlichten Knüppel schwingt!
Wo Menschheitsschmach von allen Türmen singt,
Im Sattel der Gefühle hinzufliegen!

— — — — —

Ich tauchte, angstgeschüttelt, meine Hände,
Die lustgewohnten, in das dunkle Bad
Und schauerte zu Gott empor und bat,
Daß er dies fürchterliche Schauspiel wende.
Ein Schauspiel?! donnerten die Schlünde wider.
O schnödes Wort! wie fuhr es in mein Hirn!
Das noch der Mund sprach ohn' Bedacht, indes die Stirn
Sich neigte schon vor den Gewalten nieder.
Es sprengte, berstend, die verwachsene Rinde,
Warf den Erlebnis-Fetisch aus dem Schrein,
Daß sich erschrocken mein erwachtes Sein
Schwang in das Weh'n der morgenkühlen Winde —
Doch eh' mich noch der neue Tag umschallte
Und mich verschlug in einen engern Raum,
Ward ich erlöst durch einen dritten Traum,
An den Zertretner ich mich rettend krallte:

Tief in verworrener Wildnis hub es an,
Ein Sausen, das sich tagwärts heller tönte
Und brausend schwoll zu Chören, die (erst süß geahnt) erdröhnten,
Als der erste Strahl des Lichts begann,
Der auf mich traf mit unirdischer Helle.
Doch Stimmen standen auf aus dem Gesang, und eine Welle
Von Duft (aus frühen Gärten) und von Jauchzen schlug mir ins Gesicht.

Und als sich klärte bald der Sinne heißes Drehen

Und ich mich kühler hob aus dem verwirrenden Gischt:

Sah ich mich ragend auf dem höchsten Punkt gebogener Brücke stehen,

Von unten durchgleitenden Schiffen fröhliche Wimpel in den Sturz des blauen Himmels zu mir wehen;

Die Arme warf ich weit und sprach zu Menschen, tausenden, beglückten,

Die nach Not- und Elendjahren die verbrauchten Körper in den Teich der Sonne bückten.

Meine Stimme sprang in den Taumel neugeborener Kreatur!

Jubelnder Schrei schlug lohend empor ..

Indes hinauf, hinab an der Ätherwand der versöhnende Bogen Gottes fuhr.

Leicht an mein Ohr

Durch das Tosen der Wasser

Kam eine ferne Stimme,

Gütig und furchtbar,

Und sprach ein Wort,

Das ungeheure Wort: Erwache!

Da wußt' ich mein Teil,

Zu dem ich geboren;

Sah meiner Brüder wühlendes Leid,

Die verpestete Zeit

Mit fanatischem Grollen

Auf den Flammenwink endlos verschlungener Hände in den Orkus rollen.

Sah wieder den göttlichen Bogen

Und Paradiese blühen auf den blutgedüngten Ackerwogen.

Erschießung von Gefangenen in der Kathedrale zu Reims

Von gierigen Fäusten hündisch in das Glied gebracht,
Sind sie noch einmal vor gereckter Wand des Gotteshauses furchtbar aufgewacht ..
Den kotigen Hohn, mit dem man sie beschmissen
Und all die grimme Angst erlesener Quälereien haben sie vergessen;
Nicht wissen sie mehr, daß sie nachts in fauliger Baracke aufgesessen
Mit runden Wahnsinnsaugen drohend-stickiges Dunkel rings zerrissen
Und sich — schon furchtbarem Gelächter nahe — in das hirnzermahlende Wozu verbissen.
Nur zärtlich fühlen sie jetzt ihre Hände und so kameradschaftlich verkettet
Und sind, mit zuckender Wimper, schwindelnd schon in die Unwegsamkeit des Nichts gebettet.

O dröhnendes Erwachen in vereister Luft der Kathedrale!
Wo sind die heulenden Tuben des jüngsten Gerichts?
Wie jagt über die flimmernde Ebene aufgelösten Gesichts
Einem da die hohe Stunde, wo er ungezählte Male
(Elende Vermessenheit!) zusammenbrach in wohligen Schauern vor dem gotischen Säulenwald;
Der andre schmeckt die fromme Ahnung jenes Kindheitstages bitterlich und kalt
Des ersten Abendmahls mit blauen Unschuldsaugen, Freuden und Geschenken
Und muß unwiderstehlich seiner wogenden Heimat denken.
Doch wird die Hatz der Bilder scheußlich weggefegt
Von dunklen Rohren, drohend auf sie angelegt.
Und schon umhüllt, noch eh' die Todessalve kracht,
Moder die blühenden Leiber der verworfenen Opfer und erstarrende Nacht.

Warum nicht schleudertet ihr weit von euch die mörderischen Waffen,
Da hoffnungslos Entsetzen euch anstierte,

Ihr Schergen, von dem gleichen falschen Wort Vertierte?!
Ihr, die aus gleichem Fleisch und Bein und rotem, wallendem Blut ihr seid
geschaffen,
Was warft ihr nicht das Fremde fort, ließet den Finger sinken
Von dem Schlag des lebenzerstörenden Hahns oder ließet den Schuß
ertrinken
Hoch in dem Donnergewölbe, dem hallenden (das schon von andern
Geschossen
Den Schmerz dieser tobenden Zeit in klaffenden Wunden genossen)?
Glaubt nicht, wenn man euch sagt: dies ist der Feind!
Der blind wie ihr sich treiben ließ zu Hauf
Und nun sich krümmt vor euch, niemals mehr schlägt die erlöschenden
Augen auf
Zu dem verschwebenden Himmel, der so Feind wie Freunden scheint!
Barst euch kein Schrei des Mitleids in der Kehle,
Als eure Hände, vergewaltigt von dem Geist der blutigen Befehle,
Sich gräßlich kehrten wider Menschen, wie das Wild gehetzte —
Da euer brüllender Lauf die verschwitzten, aufgezwungenen Kleider
unbarmherzig von gewehrgeschundenen armen Schultern fetzte
(Auch achtend nicht der taglang bohrenden Wunden, die schon schlug die
verheerende Schlacht)?
Wie hätten diese sündigen Hände herrlich sich entfacht
Am Nacken eurer Brüder, eurer Kameraden sklavischen Gehorsams, die
ihr nur schnöde umgebracht!
Weil ihr — wie jene — nicht erkanntet, was euch ruhlos vorwärts treibt,
Weil ihr — wie sie — dem Moloch opfert, der die ehernen,
unmenschlichen Gesetze schreibt,
Die für morgen euch das gleiche Schicksal aufbewahren,
Das maßlos teuflischer Durst euch Blutverwirrte heut' vollziehen heißt.
In heiliger Wut erwacht auch ihr! Eh' euch die Binde von den Augen reißt
Der ewige Tag .. eh' ihr (zu spät!) erkennt,
Daß ausgespieen ihr der Liebe Sakrament —
Und daß einst alle Wesen gut und friedlich waren.

Egalité, Fraternité!

Von steilen Wänden rieselt dünn das Leuchten
Erstarrter Mittagssonne, hart und kalt;
Erblindend sind die Fenster von dem feuchten,
Erbarmungslosen Atem zugewallt.

Ein Wintertag blüht in verschneiten Bergen,
Verwahrt in Schönheit, doch nicht allzufern —
Hier wühlen sich der leichtumhegten Schergen
Verbissne Sklaven in Maschinenlärm.

Und ahnen schwach, daß ihrer Pulse Feuer,
Wenn es geschürt, den stumpfen Block zerreißt —
Und über dieses nüchterne Gemäuer
Auflodernd furienhaft ins Blaue beißt!

Doch hart benagt von Unzulänglichkeiten,
Sind sie der Fron verfallen, unbewußt;
Nicht dämmert ihnen in verhangnen Weiten
Das schmale Frühröt einer tiefern Lust.

Warum seid ihr mit Dumpfheit zugeschüttet,
Indes ich bade in azurenem Licht?
Wer hat, mit frevlen Listen, so zerrüttet
Eherner Schicksalswogen Gleichgewicht?

Besinnt euch! Rafft die Glut der Fackelbrände,
Die hell in eure ewigen Nächte bricht ..
Seht diese züngelnd aufgereckten Hände
Und meiner Aufruhrstimme weißen Gischt!!

Du auch, Tier, mein Bruderwesen!
(Dem toten Maler Marc, dem Franziskus einer entmenschten Zeit, zum Gedächtnis)

Ich bin zum Überströmen vollgetan
Mit Klage und mit einem großen Schmerz,
Der sich aus schwankenden Gebilden saugt und nährt
Und mir den Riß in jedes Dings Geründetheit entschleiert.
Ein gern geschenktes Lächeln wird zum haßverzerrten Hohn
Und Stirne, die sich tief umdunkelt, wird des heitern Schwebens in dem Raum nicht mehr gewahr.
Auf mein Gesicht traf heute, als im Mittag sich die Straße dehnte,
Ein Blick aus Augen, die schon matt verglasten,
Aus großen Augen, die noch einmal brünstig rückverschlangen
Das Licht und seinen taumelnden Gespensterritt —
Sterbenden Pferdes Blick im Straßenhasten.
Wo ist der Tag mit fröhlichem Gewieher?
Die reichgefüllte Krippe müden Abends?
Nur Schweiß und Arbeit rieb die Lenden durch ..
Nun tritt es ohne Dank und Streicheln ab
Und muß auf Steinen jämmerlich verrecken.
Warum springt niemand bei?
Warum ist keiner so erbarmungsvoll,
Daß er verhängte schwindendes Gesicht?
Seid ihr so taub dem Ruf dunkel-verglutenden Auges?
Fühlt nicht, ihr Oberflächen-Betaster,
Wie er tief anklagend, rüttelt an euch?!

Seid nicht auch ihr geschöpft aus Zeit und Erde,
Um wieder euch zu drehn in Schlamm und Tod?
Wer gab euch Recht, zu knechten Kreatur,
Die mit euch teilhat an dem gleichen Tag?

Seid ihr nicht selbst gepfercht in eures Käfigs Wände
Und freßt das Gnadenbrot dem Moloch Tod aus knochig-hohlen Händen?
Was wißt vom Leben ihr in euren dumpfen Betten?
Was, Kettenschüttler ihr, von sehendem, wissendem Gang durch qualmverschüttete Stadt?
Dies Tier, das teilnahmlos ihr ließet sterben,
Es war dem Leben näher wohl als ihr
Und floß mit Baum und Wolke, Sonn' und Brudertier
Inbrünstiger dahin
Als ihr mit eures schallenden Tuns gemächlichem Verderben.
Wer von euch blieb in diesem Mittag stehn
Und sprach demütig-groß das rasende Wort: ich bin?
An dieses Daseins schmerzlichem Vergehn
Entzündete sich keine Stirne hehr —
Eiserner Reifen hielt die Schläfen euch,
Und nicht erfand sich eine Spur in euer zugemauertes Bereich.
Einsam verlohte unerfülltes Opfer in den blauen Himmelsteich
Und brach in weinenden Gewittern nieder auf das verlorene Häusermeer.

Welt-Fühlen in der Opernpause

Menschenangesichter, dumpf und schwelend,
Stoßt aus dem trüben Schwaden eures Kleinmuts hoch!
Erwacht, ihr Körper, aus morschen Wänden,
Werft euch mit morgengebadeten Händen,
Wachst in das Lichte singend empor!
Widriges Kleingetier, nach Myriaden zählend,
Das vampyrengleich aus euch gesogen,
Muß nun elendig verenden
Im eisigen Hauch aus frühem Sternenbogen.

Ihr siecht und welkt an Giften wolkiger Trance.
Ihr taucht zu tief in euer Seelenbad.
Ihr seid erfüllt von eurer kleinen Welt und übersatt.
Ihr kennt die heiße Zeit nicht mehr, die längst euch überflügelt hat.
Türmt euch zum First der schwindelnden Balance
Aus der Not und dem Chaos, in das euch die wimmernde Mutter gebar —
Habt Rechts und Links und in der Faust ein flammendes Schwert;
Seid zum Kampf für die dämmernde Welt so bewehrt und bekehrt!
Mild schwimme das leuchtende Antlitz über aufblühenden Paradiesen, wo einst Gewässer und Wüste war.

Menschenangesicht, besinne Dich!
Besonnter Morgen bricht aus deinen Augen, hell und königlich.
Nahst du dich:
Es schweigt der Föhn, die Himmel brechen auf, Getier und Berge beugen sich.
Tu ab das bauschige Kleid
Der glatten Geste Eitelkeit!
Feindschaft sei ausgelöscht — Güte entflamme dich!
Von Scham des Mordens halte ewig deine Wange rein!

In deinen unvergleichlichen, göttlichen Zügen
Laß den Schnee deiner Kindheit, laß die wirbelnde Erde beseligt liegen!
Trost und Hilfe fließe deine Stimme, Bruderstimme, bis zum letzten Lampenschein!

Halte Würde, halte Schöne:
Siehe, Glück, das du entfachst,
Wenn du schlummerst, wenn du wachst —
Durch deines Daseins hingegossenes Licht —
Trägt dich steil in Gipfelhöhe, Menschenangesicht!
Daß Tau des Mitleids deinen Scheitel kröne,
Neige dich, neige dich, wehre der Träne nicht!

Und du, du junges, du süßes Gesicht,
Verwahrt in der Loge, von weißen Sonnen magisch umsprüht,
In des Sitzes Tiefe gelehnt zurück:
Schenk' mir noch einmal deinen Siegerblick,
Eh' die Rampe lügenhaft erglüht,
Eh' dieser tanzende Raum mit den schmetternden Farben erlischt.